Reise durch

BALI
UND LOMBOK

Bilder und Texte von
Sascha Gottung und Hans Zaglitsch

Stürtz

Erste Seite:
Tänzerin in traditioneller Kleidung bei einer Vorführung des Legong-Tanzes im Fürstenpalast von Ubud.

Vorherige Seite:
Abendstimmung über dem Strand von Jemeluk, während die letzten Sonnenstrahlen den mächtigen Vulkan Agung im Hintergrund anstrahlen.

Unten:
Reisterrassen wie diese in Tegalalang wurden mühsam der Natur abgerungen und mit einem einfachen, aber genialen Bewässerungssystem versehen. Ein Meisterwerk der balinesischen Reisbauern.

Seite 10/11: *Im Nordwesten Lomboks liegen die drei berühmten Gili-Inseln: Gili Trawangan, Gili Air und Gili Meno – türkisblaues Wasser und weiße Sandstrände soweit das Auge reicht.*

Inhalt

Geschichte und Gesellschaft auf Bali und Lombok

Aus der Ferne betrachtet wirkt der Tempel Besakih eher klein, doch der Eindruck täuscht: Die Anlage erstreckt sich über mehrere Ebenen am Osthang des Gunung Agung, der oft in Wolken gehüllt ist.

Weiße, von Palmen gesäumte Traumstrände, türkisblaues Wasser, saftige, grüne Reisterrassen und Bilderbuch-Tempel – so präsentieren sich Bali und Lombok den Reisenden. Obwohl Bali eines der beliebtesten Ziele der Welt ist, hat die Insel sich viel von ihrer Ursprünglichkeit erhalten. Abseits der Touristenpfade findet man noch menschenleere Strände und im Nationalpark West-Bali kann man noch echtes Dschungel-Feeling erleben.

Die Geschichte der beiden Inseln ist eng miteinander verwoben. Bali ist seit circa 2500 v. Chr. besiedelt. Die ersten Bewohner der Insel waren vom Stamm der Austronesier, die ursprünglich aus dem heutigen Taiwan stammten und mit Booten einwanderten. Die Siedler brachten eine bereits weit entwickelte Kultur mit. Im Westen Balis zeugen Funde von Steinwerkzeugen aus dieser Zeit. Die Austronesier breiteten sich nicht nur in Bali und im weiteren Indonesien aus, sondern auch in anderen südostasiatischen Ländern wie den Philippinen, Malaysia sowie in Ozeanien. Deshalb ist die balinesische Sprache und Kultur verwandt mit denen der eben genannten Länder. Etwa 1500 v. Chr. kamen erstmals indische Einwanderer nach Bali und brachten den Hinduismus auf die Insel. Sie haben die balinesische Kultur bis heute nachhaltig geprägt.

Die ersten Königreiche entstanden im 9. Jahrhundert. Dies ist die Zeit des sogenannten Bali Kuno, was in etwa als „altertümliches Bali" übersetzt werden kann. Ab dem 14. Jahrhundert nahm das Königreich der Majapahit, welches auf Java ansässig war, immer mehr Einfluss auf die balinesische Kultur. Die Majapahit hatten sich zum Ziel gesetzt, die verstreuten, kleinen Fürstentümer der verschiedenen Inseln zu einem großen Reich zu einen. Auf Bali stießen

sie auf erbitterten Widerstand. Nach einiger Zeit jedoch mussten sich die Balinesen der Übermacht der javanesischen Invasoren beugen. Die Majapahit selbst gerieten auf Java durch den aufkommenden Islam unter Druck und fanden schließlich auf Bali Zuflucht. So entwickelte sich dort eine einzigartige Form des Hinduismus, die man nur auf Bali findet.

Beginn der Kolonialherrschaft

1585 erlitten portugiesische Seefahrer Schiffbruch vor Bali. Dies war der erste Kontakt der Balinesen mit den Europäern. Etwas später, im Jahre 1597, erreichte der Holländer Cornelis de Houtman die Insel auf der Suche nach Gewürzen. In den nächsten fünf Jahren fuhren insgesamt 65 niederländische Schiffe nach Bali und übernahmen einen Großteil des Gewürzhandels von den Portugiesen. Dies wird heute als Beginn der niederländischen Kolonialherrschaft in Indonesien angesehen.

Im 19. Jahrhundert spielte Holland die einzelnen Provinzen Balis gegeneinander aus, um sich die Macht über die Insel anzueignen. Im Jahre 1906 erreichte die Geschichte einen traurigen Höhepunkt, als sich der Raja und sein Gefolge bei einem rituellen Massenselbstmord (Puputan) töteten. Zwei Jahre später fand ein weiterer Puputan in Klungkung statt.

Die Europäer Margaret Mead, Gregory Bateson, José Miguel Covarrubias, Walter Spies und Colin McPhee (Anthropologen und Künstler) haben das Bild Balis seit 1930 entscheidend geprägt. Sie beschrieben es als wunderbares, friedliches und naturbelassenes Land und läuteten somit den Beginn des Tourismus ein. Die Niederländer herrschten bis 1942. Ihre Herrschaft wurde durch die Japaner beendet, welche die Insel annektierten. Nach der Kapitulation der Japaner und dem Ende des Zweiten Weltkriegs wurde am 17. August 1945 die Republik Indonesien ausgerufen. Nach dem Abzug der Japaner, versuchten die Holländer, sich Bali wieder anzueignen. Am 20. November 1946 fand der letzte Kampf in Marga Tabanan in Zentral-Bali statt. Colonel I Gusti Ngurah Rai führte die Truppen an, die in ihrer Unterlegenheit einen weiteren Massenselbstmord ausführten. Colonel I Gusti Ngurah Rai wird seither in Indonesien als Nationalheld verehrt. Der internationale Flughafen auf Bali ist nach ihm benannt. Der Sezessionskrieg endete im Dezember 1949 nachdem die Holländer die Unabhängigkeit Indonesiens anerkannten. Seit dem 29. Dezember 1949 ist Bali ein Teil Indonesiens. Nach der Unabhängigkeit Indonesiens gehörte Bali zuerst zur Provinz Sunda Kecil (Kleine Sundainseln) und wurde später zur eigenständigen Provinz mit Denpasar als Hauptstadt.

Der Vulkan Batur ist bei Wanderern äußerst beliebt, seine Besteigung eigentlich ein Muss. Am frühen Morgen brechen die ersten unter ortskundiger Führung zum Kraterrand auf, um den Sonnenaufgang zu genießen.

Es ist nur wenig bekannt über Lomboks Geschichte vor dem 7. Jahrhundert. Die Sasak, die Ureinwohner, leben bereits seit 2000 Jahren auf der Insel, manche Forscher sind der Meinung, dass sie sogar schon seit 4000 Jahren auf der Insel ansässig sind. Sie gehören zu den malayischen Völkern. Zu Beginn des 17. Jahrhunderts geriet der Westen Lomboks unter Balis Herrschaftseinfluss. Der Osten hingegen wurde von den Makassaren eingenommen, die von der Nachbarinsel Sumbawa aus eindrangen. Deren Herrschaft war nur von kurzer Dauer. Mitte des 18. Jahrhunderts war Lombok fest in der Hand der balinesischen Rajas. Die Versuche der Sasak, sich durch Aufstände von der Vorherrschaft der balinesischen Herrscher zu befreien, blieben erfolglos. Im Jahre 1894 schloss der Sasak-Prinz schließlich einen Pakt mit dem holländischen General Van der Wijck, der daraufhin seine Truppen nach Lombok entsandte. Gemeinsam befreiten die Sasak und die Holländer die Insel von der Herrschaft der Balinesen. Doch die ersehnte Freiheit blieb aus; die Insel fiel unter die Kolonialherrschaft der Holländer und blieb in deren Hand, bis die Japaner im Zweiten Weltkrieg im Jahr 1942 einfielen. Nach der Kapitulation Japans im Jahre 1945 fiel das Eiland wieder an die Holländer zurück. Erst im Jahr 1958 wurde Lombok Teil der Provinz West Nusa Tenggara mit der Hauptstadt Mataram und somit auch Teil Indonesiens.

Kultur & Religion

Auf Bali leben etwas mehr als vier Millionen Menschen. Anders als im Rest von Indonesien, sind über 90 Prozent der Bevölkerung hinduistischen Glaubens. Die restlichen zehn Prozent teilen sich auf in Christen, Muslime und Buddhisten. Bali ist neben Indien, Nepal und Mauritius weltweit die einzige Region mit einer hinduistischen Mehrheit. Die Religion ist tief im Alltag der Balinesen verwurzelt und bestimmt weitestgehend den Tagesablauf der Menschen. Jedes Dorf verfügt über drei Tempel: den Ursprungs-Tempel (Pura Puseh), den Versammlungs-Tempel (Pura Desa) und den Todes-Tempel (Pura Dalem). Auch in jedem Haus findet sich ein eigener, kleiner Opfer-Tempel, an dem die Bewohner täglich Opfergaben darbringen. Der Einfluss des ursprünglichen animistischen Glaubens spielt immer noch in die hinduistische Religion mit hinein. So ist es normal,

Die Sasak auf Lombok sind bekannt für ihre Webkünste. Hier wird alles noch per Hand auf alten, hölzernen Webstühlen gefertigt.

dass Orte oder Gegenstände von Geistern und Dämonen, welche gut oder böse sein können, bewohnt sind. Die Berge sind die Heimat der Götter und das Meer beherbergt die Unterwelt, glauben die Balinesen.

Bali hat eine eigene Sprache mit eigenen Schriftzeichen, welche der traditionellen javanischen Schrift ähneln. Die Sprache wird auf drei Ebenen gesprochen: Hochbalinesisch, Mittelbalinesisch und Niederbalinesisch. Die drei Sprachebenen resultieren aus dem Kastenwesen des Hinduismus. Indonesisch ist überall verbreitet und wird von allen gesprochen und verstanden, da es Amtssprache ist. Englisch ist auf der ganzen Insel verbreitet, was dem Tourismus geschuldet ist. Es ist auch nicht ungewöhnlich, einen Balinesen anzutreffen, der etwas Deutsch oder Niederländisch spricht. Vor allem die Alten erinnern sich noch an die Kolonialzeit der Holländer und haben die Sprache nicht verlernt; zumal das Indonesische (Bahasa Indonesia) einige holländische Begriffe adaptiert hat.

Bali, wie auch jede andere Region in Indonesien, hat regionaltypisches Essen. Typische Gerichte der balinesischen Küche sind beispielsweise Babi Guling (ein in einem Stück, meist am Spieß gebratenes Schwein), Nasi Jinggo (Reis in Bananenblättern mit Nudeln, Sambal, Hühnchen und Kokos) oder Bebek/Ayam Betutu (gebratenes Huhn beziehungsweise Ente mit typischen balinesischen Gewürzen). Kokos darf im typischen balinesischen Essen nicht fehlen.

Lombok ist mehrheitlich muslimischen Glaubens. Etwa 90 Prozent der Einwohner bekennen sich zum Islam, wobei es auch hier verschiedene Strömungen gibt. Die Mehrheit folgt dem sunnitischen Islam, Waktu Lima genannt, wie er auch in den anderen Teilen Indonesiens praktiziert wird. Eine kleine Minderheit praktiziert die Sonderform Waktu Telu, die Einflüsse aus dem Ahnenkult der Sasak und dem Hinduismus beinhaltet. Die Bayan-Beleq-Moschee im gleichnamigen Ort Bayan markiert den Ort, von dem aus sich der Islam auf der Insel ausbreitete. Sie ist noch heute das spirituelle Zentrum der Waktu-Telu-Strömung.

Der restliche Teil der Bevölkerung Lomboks ist hinduistisch, was auf die balinesische Vorherrschaft ab dem 17. Jahrhundert zurückzuführen ist. Weiter findet man vereinzelt christliche

Betende Männer am Tempel der Fledermaushöhle Goa Lawah. Anlass zur Errichtung des Tempels war eine Königskobra, die angeblich nahe der Höhle leben soll, und natürlich die Fledermäuse in der Höhle. Beide Tierarten werden von den Balinesen verehrt.

Gemeinden und buddhistische Gruppen, die mehrheitlich chinesischen Ursprungs sind. In Lombok herrscht eine friedliche Co-Existenz der Religionen.
Auch in Lombok gibt es neben Bahasa Indonesia die ursprüngliche Sprache der Sasak, die in verschiedenen Dialekten gesprochen wird und sich grundlegend vom Indonesischen unterscheidet. Englisch ist hier nicht so weit verbreitet wie auf Bali. Sobald man sich außerhalb der touristischen Bereiche bewegt, wird es schwer, zu kommunizieren, wenn man kein Indonesisch versteht.
Das Essen auf Lombok ist scharf, was der Insel den Beinamen „Chili Island" eingebracht hat. Typische Gerichte sind Ayam Taliwang (Hühnchen mit scharfer Chili-Marinade) oder auch Pelecing (Spinat und Grünkohl mit Chili-Shrimps-Soße).

Natur und Wirtschaft

In Balis Landschaft dominiert vor allem die Farbe Grün – tropische Vegetation und Reisterrassen über den Bergseen und Flüssen, bis zu den Monsunwäldern. Besonders im Nationalpark im Westen kommen Naturliebhaber auf ihre Kosten. Hier lassen sich mit etwas Geduld seltene Tiere wie das Banteng-Rind oder der Balistar, eine vom Aussterben bedrohte Vogelart, beobachten.
Wie in den anderen Teilen Indonesiens hat der Vulkanismus auch hier seine Spuren hinterlassen. Der Norden Balis ist mit Bergen und Vulkankratern übersät. Über allem thront der mit 3142 Metern höchste Berg Balis, der Gunung Agung. Er zählt zu den aktiven Vulkanen. 1963 brach er das letzte Mal aus und tötete tausende Menschen. Trotzdem gilt er als heiliger Berg, weil hier die Götter ihren Sitz haben sollen. An seinem Fuße wurde deshalb der Muttertempel Balis, der Pura Besakih errichtet.
Wenn man den ruhigen Norden Balis verlässt und in den Süden aufbricht, wird es hektischer. Der Großteil der Bevölkerung lebt in der Region der Hauptstadt Denpasar, dem Handelszentrum Balis. Sie zählt mittlerweile über 600 000 Einwohner, Tendenz steigend. Nicht weit entfernt liegen die Touristenzentren der Insel; Kuta und Legian, die für jeden Reisenden etwas zu bieten haben – vom günstigen Homestay bis zum Fünf-Sterne-Resort. Die Brandung am Strand von Kuta ist weltweit unter Surfern bekannt. Wer

Glasklares Wasser und schneeweißer Sand. Der im Süden Lomboks gelegene Strand Tanjung Aan zählt noch zu den Geheimtipps der Insel.

es etwas ruhiger mag, sollte sich Sanur im Osten, oder die Halbinsel Nusa Dua im Süden ansehen. Letztere allerdings bietet vornehmlich Luxus-Hotels und ist entsprechend kostspielig.

Zwischen Bali und Lombok verläuft die sogenannte Wallace-Linie. Die nach dem Wissenschaftler Alfred Russel Wallace benannte biogeografische Linie trennt die asiatische von der australischen Fauna, wobei das östliche Gebiet, Wallacea genannt, sich bis an die Grenze zu West-Papua ausdehnt. In diesem Zwischengebiet leben viele einzigartige Tiere, die es nur dort so gibt. Bestes Beispiel ist der Komodowaran, die größte Echse der Welt, die nur auf der Insel Komodo und der Nachbarinsel Rinca zu finden ist. Auf Bali ist die asiatische Fauna vertreten.

Lombok ist trockener und heißer und deshalb nicht ganz so grün wie Bali. Man findet deutlich weniger Reisterrassen und Seen als auf Bali. Doch diese raue Landschaft hat durchaus ihren Reiz. Wenn man gen Norden aufbricht, Richtung Gunung-Rinjani-Nationalpark, wird die Landschaft etwas grüner. Hier werden unter anderem Gewürze, Gemüse und Obst angebaut.

Beide Inseln leben hauptsächlich von der Landwirtschaft. Auf Bali macht der Tourismus inzwischen einen großen Teil der Wirtschaft aus. Auf Lombok dagegen ist er – abgesehen von den Gilis und Senggigi – immer noch unbedeutend. Dafür hat Lombok Bodenschätze zu bieten. In einigen Gebieten gibt es Goldminen, in denen das Edelmetall im Tagebau gewonnen wird. Auch die Perlenzucht ist ein kleiner, aber nicht zu vernachlässigender Wirtschaftszweig. Mittlerweile gibt es etwa 25 Perlenzuchtfarmen, die zusammen pro Jahr knapp zwei Tonnen der weiß schimmernden Perlen züchten und verkaufen.

Seite 22/23:
Das Dorf Sembalun liegt am Fuße des Mount Rinjani auf Lombok. Es ist ein perfekter Ausgangspunkt für Touren zum Gipfel des 3726 Meter hohen Vulkans.

Seite 24/25:
Ein stimmungsvoller Ausklang des Tages: der Sonnenuntergang am Meerestempel Tanah Lot. Täglich pilgern tausende von nationalen und internationalen Touristen hierher, um dieses Naturschauspiel zu sehen.

Kunst, Kultur und magische Sonnenuntergänge – Balis Südhälfte

Ein Ort der Ruhe inmitten des geschäftigen Ortes Ubud: der Pura Taman Saraswati, vor Ort eigentlich besser bekannt als Lotus-Palast, in dem fast allabendlich traditionelle Tanz- und Theatervorstellungen stattfinden.

Bali fasziniert, beeindruckt, verzaubert und lässt viele nicht mehr los. Vor allem der Süden lockt mit feinen Sandstränden und magischen Sonnenuntergängen die Besucher an. Die touristische Infrastruktur in den Badeorten lässt keine Wünsche offen. Für jeden Geldbeutel und Geschmack gibt es das Richtige, und das Nachtleben pulsiert in Discos und Bars.

Im Herzen der Insel liegt Ubud, das kreative Zentrum Balis. Kunst und Kultur trifft man dort auf Schritt und Tritt, und von den umliegenden Dörfern übt jedes sein spezielles Handwerk aus. Ubud eignet sich gut, um auf zwei oder vier Rädern die Umgebung zu erkunden. Der Monkey Forest, die Elefanten-Höhle Goa Gajah und das Steinfries Yeh Pulu sind sogar zu Fuß erreichbar. Entlang der Tempel von Bedulu und Pejeng kommt man zu den Königsgräbern Gunung Kawi und zur heiligen Quelle Tirta Empul. Westlich davon liegen die Reisterrassen von Tegalalang – ein Muss! Ebenfalls eine Augenweide: In Petulu bevölkern täglich spätnachmittags tausende weißer Reiher die Bäume. Auf dem Weg zu den Stränden im Süden lohnt ein Stopp beim Pura Taman Ayun in Mengwi und beim Meerestempel Tanah Lot – der perfekte Rahmen für einen traumhaften Sonnenuntergang.

Im Osten Balis ist die Geschichte des Landes verankert. Viele Traditionen findet man noch in den Dörfern der Aga, der Ureinwohner. Der Vulkan Agung mit dem Muttertempel Besakih thront über der Region. Und der Pura Kehen in Bangli, die Kerta Gosa in Semarapura, die Reisterrassen von Sidemen, die Fledermaushöhle Goa Lawah sowie die Wasserpaläste von Ujung und Tirtagangga runden das Angebot ab. Ausspannen kann man in den Badeorten Candi Dasa, Amed und Jemeluk, von denen aus man eine atemberaubende Aussicht auf den Vulkan Agung hat.

Unten:
In stilvollem Ambiente, vor dem Haupttor des Fürstenpalastes in Ubud, wird die Bühne für Tanz- und Theatervorstellungen mit einem roten Teppich kreiert. Links und rechts davon sitzen Gamelan-Musiker, die den hier dargebrachten Legong-Tanz begleiten.

Rechts oben: *Lange Gewänder, furchterregend geschminkte Gesichter und wilde Gebärden sind Teil der allabendlichen Aufführung des Ramayana-Epos im Fürstenpalast von Ubud.*

Rechts Mitte: *Die große Halle an der Hauptstraße in Ubud war früher der Ort für Vorführungen aller Art; heute wird die Halle kaum noch genutzt. Die kunstvoll verzierte Rückwand der Bühne lohnt aber für einen kurzen Stopp.*

Rechts unten: *Es vergeht keine Stunde, keine Minute, in der nicht irgendwo auf Bali den Göttern Opfergaben dargebracht werden, wie hier im Tempel Basar Baru am zentralen Markt von Ubud.*

Oben:
Der Besuch in dem Haus des Bildhauers und Malers Gusti Nyoman Lempad mit seinem gepflegten Garten, Tempel und verschiedenen, offenen Wohneinheiten sollte bei einem Rundgang durch Ubud nicht fehlen.

Rechts:
Inmitten des Pura Dalem, des Totentempels am Stadtrand von Ubud, steht ein mächtiger, knorrigverwachsener Banyan-Baum, dessen Krone sich wie ein Schirm schützend über den Tempel ausbreitet. Im Vorhof des Tempels finden die traditionellen Kecak-Tänze statt.

Links:
Das aus mehreren Pavillons bestehende, weitläufige Museum Puri Lukisan in Ubud war das erste Museum auf Bali, das sich der Malerei, und zu einem kleinen Teil der Schnitzerei aus Ubud widmete. Es wurde auf Initiative des holländischen Malers Rudolf Bonnet errichtet.

Unten:
Das einstige Wohnhaus und Atelier des Malers Antonio Blanco in Campuan, einem Vorort von Ubud, ist heute Museum und Veranstaltungsort zugleich. Der in Manila geborene Blanco lebte lange auf der Insel und wurde als „Dali von Bali" bezeichnet.

Rechts:
Auf dem Zentralmarkt in Ubud springt sofort die wegen ihres Aussehens so genannte Drachenfrucht (dragon fruit) ins Auge, eine exotische, schmackhafte Vitaminbombe mit vielen Antioxidantien, die die Gesundheit fördern.

Unten:
Auf dem Zentralmarkt gibt es aber nicht nur Früchte und Gemüse. Immer stärker setzen sich Souvenirstände durch, die von einfachen Malereien, selbst gemachten Armbändern und Lederwaren bis hin zu handgeflochtenen Korbwaren eine große Auswahl bieten.

Oben:
Die Malereien an diesem Stand im Markt von Ubud sind zwar schön anzusehen, von hoher künstlerischer Bedeutung sind sie allerdings nicht. Für echte Kunst muss man ins Blanco Renaissance-, Neka Art- oder Puri Lukisan-Museum.

Links:
Wenn keine Kundschaft am Stand ist, werden nebenbei die Opfergaben für die Tempel gefertigt, die entweder für ein paar Rupien weiterverkauft oder für die eigenen, mehrmals täglich stattfindenden Opferzeremonien verwendet werden.

Dear visitors
FOR SAFETY & SECURITY REASON
PLEASE DO NOT ENTER THE
MONKEY FOREST AREA OUT OF
OUR OPERATION HOURS
OPERATION HOURS ARE:
8.30 A.M UNTIL 6 P.M
THANK YOU

Linke Seite:
Eine der Hauptattraktionen in der Umgebung von Ubud ist der Monkey Forest (Affenwald). Doch Vorsicht! Die frei lebenden Affen können ganz schön aggressiv werden, wenn sie von den Besuchern nichts zu fressen bekommen.

Nur ein paar Gehminuten vom geschäftigen Zentrum Ubuds entfernt, taucht man in eine andere Welt ein, erlebt man Bali von einer ganz anderen Seite mit der Ruhe und Schönheit der größtenteils von Reisterrassen geprägten Landschaft.

Petulu, ein paar Kilometer nördlich von Ubud gelegen, ist Heimat der weißen Reiher. Zu tausenden kommen die Vögel täglich am späten Nachmittag aus allen Himmelsrichtungen nach Petulu zu ihren Nestern. Das Schauspiel kann man von zwei Aussichtsplattformen beobachten.

Seite 36/37:
Wie Bänder breiten sich die Reisterrassen an den steilen Hängen bei Tegalalang aus und bieten bereits aus der Ferne einen guten Eindruck von den von Menschenhand geschaffenen Feldern. Näher heran kommt man auf einem Pfad, der quer durch die Reisterrassen verläuft.

Links:
Am circa 25 Meter langen Steinrelief von Yeh Pulu sind deutlich fast lebensgroße Figuren wie Reiter, Jäger und Tiere erkennbar, doch ist die Bedeutung der dargestellten Szenen des 1925 entdeckten Reliefs bis heute noch nicht bekannt.

Links Mitte:
Ein Juwel unter den Tempelanlagen von Bali und wenig frequentiert ist der Pura Samuan Tiga in Bedulu. Der über 1000 Jahre alte Tempel besteht aus mehreren Niveaus, die mit schmalen, oft von Tempelwächtern flankierten Stiegen verbunden sind.

Links unten:
Hinter diesem furchterregenden Dämonenkopf verbirgt sich die „Elefantenhöhle“ Goa Gajah. Sie war aller Wahrscheinlichkeit nach eine Einsiedelei von hinduistischen

Mönchen, die hier im 11. Jahrhundert lebten. Eine Ganesha-Statue und Nischen im Inneren, die wohl als Schlafzellen dienten, sind gute Beweise für diese Theorie.

Unten:
„Tempel des verrückten Büffels" ist die Übersetzung des Pura Kebo Edan, der drittgrößten Tempelanlage in Pejeng. Kurz nach dem Haupteingang erhebt sich rechts die fast vier Meter hohe Statue des Riesen Bima.

Oben:
In einem wunderschönen, von Reisterrassen geprägten Tal bei Tampaksiring liegen die Königsgräber von Gunung Kawi. Es sollen aber keine Gräber sein, sondern Candis, Gedenkstätten für die Fürsten und ihre Familien. Sie wurden aus dem Felsen geschlagen und zählen zu den ältesten Beispielen balinesischer Steinmetzkunst.

Rechts:
In der Talsohle der Königsgräber sprudelt aus dem Fels eine Quelle, die von den Balinesen als heilig betrachtet wird und dementsprechend finden hier auch regelmäßig rituelle Waschungen, traditionelle Opfergaben und Zeremonien statt.

Oben:
Der auf einer kleinen Anhöhe gelegene und von einem Wassergraben umgebene Pura Taman Ayun in Mengwi zählt zu den wichtigsten und schönsten Tempeln auf Bali. 27 Schreine mit äußerst kunstvoll verzierten Türen, mehrere Pavillons und Merus umfasst die Anlage, die aber nicht betreten werden darf.

Links:
Tirta Empul bedeutet „sprudelnde Quelle". Der Tempel bei Tampaksiring zählt zu den wichtigsten heiligen Stätten Balis. Hindus führen rituelle Waschungen in den Quellen durch, um sich zu reinigen und von Krankheiten zu befreien.

Rechts:
Der Meerestempel Tanah Lot, einer der neun Haupttempeln auf der Insel, ist im Morgengrauen genauso atemberaubend schön wie beim Sonnenuntergang.

Unten:
Der kleine Tempel Batu Bolong kann in Sachen Anziehungskraft mit seinem großen Nachbarn, dem Pura Tanah Lot, nicht mithalten und führt bei den Touristen eher ein Schattendasein. Für die Einheimischen ist er aber fast so wichtig.

Oben:
Der Badeort Sanur liegt einige Kilometer südöstlich von Denpasar, verfügt über die wahrscheinlich besten Hotels der Insel, sicher aber über die längste Strandpromenade Balis.

Links:
Kuta, westlich von Denpasar gelegen, zählt zu den beliebtesten Badeorten. Nichtsdestotrotz kann man dort atemberaubende Sonnenuntergänge erleben, oft gemütlich von einem Liegestuhl aus.

Nymphen, Affen und ein Löwe – balinesisches Tanztheater

Wer schon einmal auf Bali gewesen ist, weiß, dass die Tänze ein wichtiger Teil der dortigen Kultur sind und einfach zur Insel dazugehören. Die bekanntesten und verbreitesten sind der Legong-Tanz, der Barong- und der Kecak-Tanz. Die Geschichten, die in den Aufführungen erzählt werden, haben ihren Ursprung in der hinduistischen Mythologie, dem Ramayana und Mahabharata – beides indische National-Epen. Die Darbietungen finden in der Regel in Tempeln oder in speziell dafür gebauten Theatern, manchmal auch in Hotels oder einfach auf dem Dorfplatz statt.
Begleitet werden die Aufführungen meist von Gamelan-Musik. Die Musik ist für westliche Ohren gewöhnungsbedürftig, weil sie nicht dem uns gewohnten Tonsystem folgt. Meist sind es kleine Gruppen von bis zu drei Musikern. Bei großen Zeremonien finden sich schon mal Gamelan-Orchester mit dutzenden Musikern ein. Typische Instrumente sind die bronzenen Klangplatten und -schalen, Gongs, Trommeln und Angklungs, eine Art Xylophon aus Bambus.

Legong

Der Legong-Tanz – auch Tanz der Nymphen genannt – ist ein klassischer Tanz, der Ende des 19. Jahrhunderts an den balinesischen Fürstenhöfen entstand. Es tanzen zumeist zwei bis fünf junge Mädchen. Der Tanz folgt einem sehr komplexen Aufbau, deshalb fangen die Mädchen schon im frühen Alter an, den Tanz zu lernen und zu perfektionieren. Mit dem Eintritt in die Pubertät verlieren sie ihre Reinheit und müssen ihre Legong-Karriere beenden. Typisch für den Tanz sind die Verwendung eines Fächers, die fein abgestimmten Handbewegungen und die präzise Mimik; jeder Lidschlag ist genauestens geplant, jeder Blickwechsel ist einstudiert. Die berühmteste Variante ist der „Legong Kraton", was frei übersetzt „Palast-Legong" heißt. Diese Version wird von drei Tänzerinnen aufgeführt.

Kecak

Der Kecak-Tanz – auch unter dem Namen Affen-Tanz bekannt – hat anders als der Barong- oder der Legong-Tanz keine Gamelan-Musik als Begleitung. Eine Gruppe von circa 50 Männern, alle mit schwarz-weiß karierten Sarongs (Wickelröcken) bekleidet, sorgt hier mit ihrem Stakkato-Gesang für die rhythmische Untermalung. Die Tänzer stellen bei der Performance ein Affenheer dar, und führen neben den Gesang einen tranceähnlichen Tanz auf. Mit den Armen machen sie wellenartige Bewegungen, während sie einen Kreis um die Hauptakteure schließen – am Anfang stehend, später im Sitzen. Der Tanz beginnt traditionell in der Abenddämmerung und wird zumeist nur mit Kerzen und Fackeln beleuchtet, was dem Schauspiel zusätzlich einen mystischen Charakter verleiht. Höhepunkt ist der gegen Ende stattfindende Feuertanz, bei dem der Held des Dramas tanzend durch das Feuer springt.

Barong

Der Barong ist ein Tanz-Drama, in dem die Balance zwischen Gut und Böse hergestellt werden soll. Er findet traditionell morgens statt. Die Hauptcharaktere sind der Barong, eine Art Löwe, der von zwei Schauspielern gemeinsam in einem Kostüm dargestellt wird und das Gute symbolisiert. Er ist mit Abstand die bekannteste Figur Balis. Die hölzerne Maske ist zumeist rot, hat große, schwarze Augen und ist in goldene Verzierungen eingefasst. Während der Aufführung macht er die für ihn typischen Klappergeräusche mit dem hölzernen Unterkiefer. Die Gegenspielerin ist die Hexe Rangda, die für das Böse steht: Eine Figur mit einer langen, wilden Mähne, hervorstehenden Glubschaugen, großen Reißzähnen und langen Fingernägeln. Weitere Akteure des Stückes sind die Königin und ihr Sohn, Prinz Saweda, der Premierminister, die Todesgöttin Batari Durga, ihre Schülerin und Shiva in Gestalt eines Priesters. Der Tanz endet immer unentschieden, was dem ewig andauernden Kampf zwischen Gut und Böse entspricht. Das Drama hat sieben Akte, variiert aber inhaltlich etwas, je nachdem in welcher Region Balis es aufgeführt wird.

Links:
Der Legong-Tanz entstand Anfang des 20. Jahrhunderts auf Bali. Das Ensemble kann bis zu fünf Tänzerinnen umfassen. Die am häufigsten aufgeführte Fassung, der Legong Kraton, wird von drei Tänzerinnen gespielt, wie hier im Fürstenpalast von Ubud.

Oben:
Tänzerin beim Kecak-Tanz. Der Tanz erzählt den balinesischen Epos um den Prinzen Rama und seine Gattin Sita, deren Affenheer, den Affengeneral Hanuman, den Götterboten Garuda sowie den Dämonenkönig Ravana.

Kleine Bilder rechts, von oben nach unten: Das Ramayana-Epos ist eines der am meisten aufgeführten Geschichten auf Bali. Das Epos stammt allerdings aus Indien und formt zusammen mit dem ebenfalls aus Indien kommenden Mahabharata einen wichtigen kulturellen Pfeiler im Hinduismus.

Der Feuertanz wird nur noch selten dargeboten, wie hier im Totentempel von Ubud. Viel Feuer und Rauch umgeben dabei den Tänzer, der immer wieder mit nackten Füßen über die Glut läuft, bis diese letztendlich erloschen ist.

Der Barong ist eines der wohl bekanntesten Sinnbilder balinesischer Kultur. Das mystische Wesen repräsentiert das Gute auf der Welt; es kämpft gegen Rangda, die Königin aller Hexen, und das Böse auf der Erde. Dieser Kampf wird mit dem Barong-Tanz dargestellt.

Er ist der Tanz, der die Besucher am meisten in seinen Bann zieht: der Kecak, wobei die Tänzer meist sitzend oder kniend die Arme emporstrecken und mit eintönigem Gesang langsam in Trance kommen. Das spärliche Licht verleiht der Szenerie einen mystischen Charakter.

Oben:
Von den Klippen im Süden Balis, auf denen der Uluwatu-Tempel thront, blickt man auf den Indischen Ozean. Die Balinesen glauben, dass die drei Götter Brahma, Vishnu und Shiva an diesem Ort eins werden.

Rechts:
Auf der Halbinsel Bukit im äußersten Süden Balis breitet sich der Mengiat-Strand aus, zwar touristisch erschlossen, aber noch nicht so überlaufen wie etwa die Strände von Legian, Kuta und Seminyak.

Links:
Für einsame Buchten mit fast menschenleeren Stränden muss man doch einige Kilometer zurücklegen: Strand in unmittelbarer Nähe des Pura Geger.

Unten:
Benoa hat mehrere Strände auf der gleichnamigen Halbinsel und ist mit Hafen, Kajak-, Tauch- und Surfzentren die beste Adresse für Wassersport aller Art auf Bali.

Rechts:
Das Dachgewölbe der Gerichtshalle in Semarapura (Regierungsbezirk Klungkung) verfügt über außergewöhnliche Wayan-Malereien, die sich vorwiegend mit Szenen aus dem Ramayana-Epos befassen, worin Prinzen, Prinzessinnen, Göttern und Monster die Hauptrollen spielen.

Unten:
Die Gerichtshalle liegt pittoresk auf einer kleinen Insel inmitten eines Wasserbeckens, das Teil einer Gartenanlage ist. Sie liegt im Stadtzentrum von Semarapura und ist unter dem Namen Taman Gili bekannt.

Oben:
Zur Gartenanlage von Semarapura gehört auch ein kunstvolles Tor, das sich ein paar Schritte von der Gerichtshalle entfernt befindet und nach einer Renovierung fast in seinem alten Glanz erstrahlt.

Links:
Das Museum, nur einen Steinwurf vom historischen Tor entfernt, präsentiert eine kleine Sammlung über die Geschichte der Stadt Semarapura, die anhand von Modellen, historischen Fotos und Gegenständen aus dem Alltag beleuchtet wird.

Oben:
In den letzten Jahren entwickelte sich Sidemen immer mehr zum Rückzugsort für Ruhesuchende und vor allem für Künstler, die Ubud zu hektisch finden. Beim Anblick der reizvollen Landschaft um Sidemen versteht man auch warum.

Rechts:
Schon beim Aufstieg zum Pura Kehen in Bangli hat man den Eindruck, dass es sich um einen besonderen Tempel handelt. Er zählt zu den Nationalheiligtümern Balis und lohnt einen Besuch. Auffallend sind die in den Mauern eingearbeiteten chinesischen Porzellanteller.

Links:
Am Eingang des Tempels Goa Lawah erklärt sich der Name des Ortes: Fledermaushöhle. Die Tiere hängen kopfüber zu hunderten von der Decke – ein etwas schauriger Anblick.

Seite 52/53:
Der Lotusteich inmitten des Badeortes Candi Dasa lädt zum Verweilen ein. Candi Dasa liegt im Osten der Insel. Unzählige Hotels reihen sich zwischen Meer und Durchfahrtsstraße aneinander. Die andere Straßenseite säumen Warungs und Restaurants mit nationalen und internationalen Gerichten.

Die Strände von Candi Dasa wurden oft in Mitleidenschaft gezogen. Das vorgelagerte Riff wurde von Menschen zerstört und so konnte das Meer immer mehr Land zurückerobern. Heute schützen Wellenbrecher aus Beton oder riesigen Felsblöcken die Strände und den Ort. Auch wenn die Strände schmal und klein sind, gibt es doch viele Stellen, wo man eine Abkühlung im Meer genießen kann.

Virgin Beach, White Beach, Hidden Beach, Pasir Putih – alles Namen für diesen wunderschönen, feinsandigen Strand ein paar Kilometer östlich von Candi Dasa. Der Strand zählte noch bis vor ein paar Jahren zu den Geheimtipps auf Bali. Mittlerweile hat sich eine bescheidene touristische Infrastruktur entwickelt, was dem reizvollen Strand aber keinen Abbruch tut. Und es verirren sich noch immer nicht allzu viele Touristen hierher.

Unten:
Tenganan ist eines der letzten Dörfer, die noch von den Bali-Aga, den Ureinwohnern der Insel, bewohnt werden. Es ist ein typisches Straßendorf: Zwei Hauptstraßen, an deren beiden Seiten sich die Wohnhäuser und Geschäfte befinden. An der breiteren Hauptstraße werden traditionell die Verwaltungsgebäude errichtet.

Rechts oben:
Waren die Korbflechter früher mit der Herstellung von Gebrauchs- und Alltagsgegenständen beschäftigt, fertigen sie heute fast nur noch Körbe und Handtaschen in allen Formen und Maßen für den Verkauf an Touristen.

Rechts Mitte:
In Tenganan leben die einzigen Weber, meistens Frauen, die noch das Weben von Doppel-Ikat beherrschen. Diese Webtechnik gibt es nur auf Bali. Eine ähnliche Technik ist noch in einigen Dörfern Indiens zu finden.

Rechts unten:
Balinesische Schriftzeichen auf speziellen Materialien sind als Souvenir sehr begehrt. Wer sich für alte balinesische Schriftzeichen interessiert, muss nach Singaraja, wo in der Bibliothek Gedong Kirtya circa 3000 historische Lontar-Schriften lagern.

Zwischen Religion, Tradition und Kunst – die Architektur

Balis Architektur ist einmalig, beeindruckend und begeistert auf der ganzen Welt. In ihr spiegelt sich die balinesisch-hinduistische Religion auf Schritt und Tritt wider. An jedem Tempel, jedem Palast, jedem Tor und jedem Pavillon findet man Szenen aus dem religiösen Kosmos der Balinesen, deren Universum sich in drei Ebenen unterteilt: das Reich der Götter in den Bergen, das Meer als Ort der erlösenden Kräfte und das Land, auf dem die Menschen leben. Diese drei Ebenen sind symbolisch immer wieder in Tempelanlagen, Familienanwesen und Dörfern zu sehen.

Mehr Tempel als Häuser

Die Tempel fallen am meisten ins Auge. Man schätzt ihre Zahl auf etwa 20 000. Fast scheint es so, als ob Bali mehr Tempel als Häuser hätte. Ein Grund dafür ist, dass jeder Wohnkomplex, jedes Gebäude, jede Hütte einen oder mehrere Tempel hat. Auffallend vor allem an größeren Tempeln ist der meist mehrere Meter aufragende, geteilte Eingang, an dem sich die Verzierungen spiegeln. Typisch für den Tempelbau sind auch die getrennten Innenhöfe, die durch wunderschön verzierte Tore zugänglich sind. Generell besteht eine Anlage aus drei Innenhöfen mit verschiedenen Pavillons, Schreinen und Türmen. Letztere werden Merus genannt und sind oft schon von weitem sichtbar. Die dunklen Turmdächer werden von Hand aus feinen Fasern der Zuckerpalme hergestellt. Ein Meru kann maximal elf übereinanderliegende Dächer haben. Die Anzahl der Dächer ist von der zu verehrenden Gottheit und deren Rang in der Hierarchie innerhalb des balinesisch-hinduistischen Universums abhängig.

Wesentliche Unterschiede in der Tempelarchitektur gibt es zwischen dem Norden und dem Süden. Im Norden wird ein weicherer Stein verwendet, der die Bearbeitung leichter macht. Dies zeigt sich in den Verzierungen, die augenscheinlich barocken Charakter haben. Bei einem Tempelbesuch dort sollte man deshalb auf die vielen Details in den Reliefs achten. Ein gutes Beispiel dafür ist der Pura Beji in Sangsit, der sich durch seine vielfältigen und äußerst kunstvoll bearbeiteten Reliefs auszeichnet. Oder der um 1940 erbaute Totentempel in Jagaraga, der darüber hinaus mit bizarren Details aufwarten kann: Zwei dicke Europäer sitzen in einem Auto, und Flugzeuge stürzen vom Himmel ins Meer – wohl Verweise auf die niederländischen Kolonialherren und die Bomber des Zweiten Weltkriegs. Im Relief am Haupttempel von Kubutambahan fährt ein Einheimischer auf einem Fahrrad, was höchstwahrscheinlich auf den niederländischen Maler Wijnand Otto Jan Nieuwenkamp zurückzuführen ist, der in den 1930er-Jahren mit dem Fahrrad die Insel erkundete.

Mikrokosmos des Universums

Auch beim Bau eines Wohnkomplexes wird fast immer streng auf die Traditionen geachtet. So kann man das Anwesen als Mikrokosmos des balinesisch-hinduistischen Universums betrachten. Dabei zeigen sie über die gesamte Insel hin einen fast einheitlichen Aufbau. Der Grundriss ist meistens quadratisch, wird von einer Mauer umschlossen und hat ein kunstvoll gefertigtes Eingangstor, hinter dem meistens ein kleiner Tempel oder die Statue eines Gottes die Besucher begrüßt. Innerhalb des Anwesens gibt es immer einen oder mehrere Tempel für die täglichen Rituale. Für jeden Raum wird traditionell ein eigenes Haus gebaut und auf dem Grundstück nach den Himmelsrichtungen angeordnet. Im Süden zum Beispiel liegt die Küche, während sich an der Ostseite der sogenannte Zeremonienpavillon erhebt. Dazwischen, in der Südostecke, befinden sich der Gästeraum und die Vorratskammer. An der Nordseite liegt meistens der Schlafraum, im Westen ein Gebäude mit ganz unterschiedlichen Verwendungszwecken; dies kann vom Stall bis hin zur Werkstatt reichen.

Für und von den Herrschern wurden meistens Paläste geschaffen, deren Anordnung der eines Wohnkomplexes ähnelt. Gute Beispiele dafür sind der Fürstenpalast in Ubud, der Puri Agung in Gianyar sowie die Wasserpaläste in Ujung und Tirtagangga, die – außer dem Palast in Gianyar – tagsüber zu besichtigen sind.

Links: *Die meisten Tempelanlagen haben zwei Haupteingänge: das Tor Candi Bentar führt meist über eine Treppe in den Außenbereich, wie hier beim Pura Besakih, das Tor Kori Agung vom Außenbereich in den Innenhof einer Tempelanlage.*

Oben: *Die Wasserpaläste und Gartenanlagen auf Bali, wie hier der Palast in Ujung, sind aller Wahrscheinlichkeit nach Anlagen in Thailand, Sri Lanka und Kambodscha nachempfunden.*

Kleine Bilder rechts, von oben nach unten: *Eines der schönsten Beispiele von Merus findet man im Pura Taman Ayun in Mengwi nahe Ubud. Die in einer Reihe angeordneten Türme zeigen gut die Unterschiede in der Höhe, die vom Rang der zu verehrenden Gottheit abhängig ist.*

Einer der Innenhöfe des Pura Kehen in Bangli, wo sich unterschiedliche Pavillons und Schreine aneinanderreihen. Er ist ein schönes Beispiel für den Innenbereich einer typisch balinesischen Tempelanlage.

Dieser frei stehende Pavillon befindet sich an der Nordseite eines privaten Anwesens und fungiert auf Bali traditionell als Schlafraum der Familie.

Große Haustempel werden oft in Einzelteilen in den Werkstätten angefertigt, wie hier durch einen Steinmetz in Ubud. Somit wird der Transport einfacher, weil die Infrastruktur häufig nur schmale Wege und Pfade kennt.

Oben:
Das ehemalige Fischerdorf Ujung, ein paar Kilometer südlich von Amlapura gelegen, gehörte einst zu einem der wohlhabendsten Königreiche auf Bali, was auch am Bau dieses Wasserpalastes sichtbar ist. Der Palast wurde nach mehrjähriger Bauzeit 1919 fertig gestellt.

Rechts:
Um den Wasserpalast von Ujung wurde ein sehr weitläufiger Garten mit vielen exotischen Pflanzen und schattenspendenden Bäumen angelegt. An der Westseite erstreckt er sich über mehrere Niveaus, an der Nordseite sieht man bei gutem Wetter in der Ferne den Vulkan Agung.

Links:
Der Garten des Wasserpalastes in Tirtagangga ist zwar kleiner als jener in Ujung, aber mit seinen Springbrunnen, Wasserbecken, mystischen Wesen und Figuren aus dem Ramayana-Epos sehr schön gestaltet und lohnt einen Besuch.

Am Strand des kleinen Fischerdorfes Amed (unten) liegen heute noch immer die bunten Fischerboote. Hier begann die touristische Entwicklung des äußersten Osten Balis. Zuerst kamen die Surfer, dann die Taucher und Rucksackreisenden und schließlich zogen die Pauschaltouristen nach. Später wurde die Infrastruktur in den Nachbarort Jemeluk (rechts) ausgebreitet, der mittlerweile Amed den Rang abgelaufen hat. Höhepunkt in Jemeluk ist zweifelsfrei der tägliche Sonnenuntergang vom Panorama-Café aus mit freiem Blick auf den sichelförmigen Strand und dem weit dahinter aufragenden Vulkan Agung.

Am Osthang des mächtigen Vulkans Agung thront der Tempel aller Tempel Balis, der Pura Besakih. Er ist täglich Hauptanziehungspunkt von hunderten von Gläubigen, die aus allen Teilen der Insel hierher pilgern und mit kleinen Opfergaben, Zeremonien und in stundenlangen Gebeten alles Erdenkliche von ihren Göttern erbeten. Die Anlage besteht aus mehreren Tempeln, die über verschiedene Ebenen verteilt und mit Mauern umfriedet sind. Dazwischen verlaufen schmale Pfade mit Treppen, über die die gesamte Anlage besichtigt werden kann. Die Tempel dürfen aber von Nichtgläubigen nicht betreten werden.

Vulkane, Kraterseen und dunkle Strände – die Nordhälfte

An den Südhängen der Bergkette, die den Norden vom Süden Balis trennt, erstrecken sich über mehrere Kilometer die Reisterrassen von Jatiluwih, das soviel bedeutet wie „wirklich schön". Und wirklich schön sind die in mühevoller Arbeit angelegten Reisterrassen in jedem Fall. Wege und Pfade verlaufen kreuz und quer durch das Gebiet, am Rand verläuft eine Asphaltstraße, von der aus sich wunderschöne Panorama-Blicke eröffnen. Restaurants, Warungs und Souvenirshops säumen die Straße und zeigen bereits an, dass es sich hier um eines der Highlights der Insel handelt.

Der Norden Balis zeigt ein völlig anderes Gesicht als der touristische Süden, geizt aber keinesfalls mit seinen Reizen: Vulkane und tiefblaue Kraterseen, dunkle Sandstrände, erfrischende Wasserfälle und heiße Quellen, faszinierende Tempelarchitektur und fast unberührte Natur findet man an beiden Seiten der Bergkette. Die Flora und Fauna im Westen der Bergkette ist im Nationalpark Bali Barat geschützt. Im zentralen Hochland breiten sich der Buyan- und der Bratan-See aus, bereichert von dem traumhaft gelegenen Wassertempel Ulun Danu und dem sehenswerten Botanischen Garten in Bedugul. Im Osten der Bergkette erhebt sich der Vulkan Batur inmitten seines kreisrunden Kraters, der zur Hälfte mit Wasser gefüllt ist. Atemberaubende Ausblicke gibt es von der Straße am Kraterrand aus.

Das wirtschaftliche Zentrum im Norden ist Singaraja. Östlich davon kommen Architekturfans in den Tempeln Beji, Dalem und Meduwe Karang auf ihre Kosten. Der touristische Mittelpunkt sind aber die Dörfer westlich von Singaraja an den dunklen Sandstränden, die unter dem Namen Lovina Beach bekannt sind. Je weiter man Richtung Westen fährt und sich Gilimanuk nähert, desto ruhiger wird es. Unterwegs lohnt ein Stopp bei den heißen Quellen und dem Kloster Brahma Vihara in Banjar. Pemuteran im Nordwesten wird vorwiegend von Tauchern frequentiert, während der Medewi-Strand an der Südwestküste das Zentrum der Surferszene ist. Sehenswert dort ist der hoch über dem Meer gelegene Tempel Pura Rambut Siwi. Auf dem Weg nach Norden sollte man in Pacung unbedingt einen Abstecher zu den Reisterrassen von Jatiluwih und dem Bergtempel Luhur Batukaru machen. Und vor Singaraja lohnt der Wasserfall Gitgit.

DILARANG

Links:
Folgt man der Straße von Jatiluwih Richtung Westen erreicht man nach einigen Kilometern die Abzweigung zum Pura Batukaru, der sich inmitten des Dschungels an den Südhang des 2278 Meter hohen Vulkans Batukaru schmiegt. Die Tempelanlage wurde im 6. Jahrhundert erbaut und zählt zu den Nationalheiligtümern Balis.

Unten:
Unweit des Pura Batukaru befinden sich noch eine kleinere Tempelanlage und ein See mit einem Schrein, der aber nur von Priestern betreten werden darf. Der See ist übrigens heilig, weshalb hier auch das Baden verboten ist.

Ganz unten:
Am Nordufer des Bratan-Sees, nur einen Steinwurf vom Seetempel Ulun Danu entfernt, wurde eine weitere Tempelanlage errichtet, die abends durch die Beleuchtung eine besondere Stimmung hervorruft.

Seite 68/69:
Abendstimmung am Bratan-See und dem Seetempel Pura Ulun Danu, der zu Ehren der Seegöttin Dewi Danu im 17. Jahrhundert erbaut wurde. Er liegt auf einer kleinen Insel nahe dem Ufer und kann nur mit dem Boot erreicht werden. Nichtgläubigen ist der Zugang aber versagt.

Links:
Von der Straße an der Nordseite des Buyan-Sees hat man an verschiedenen Stellen einen freien Blick auf den See im zentralen Hochland Balis. Die Stellen sind leicht zu finden, da sich dort immer wildlebende Affen aufhalten, die die Vorbeikommenden um Futter anbetteln.

Unten:
Der Buyan-See ist nicht nur Wasserspender der Region, sondern durch seinen Fischreichtum auch eine gute Nahrungsquelle. Bereits frühmorgens ziehen die ersten Fischer mit ihren Booten auf den See hinaus, um die Netze auszulegen.

Oben:
Die Tempelanlage Ulun Danu Bulian am Nordufer des Buyan-Sees wird vor allem von den Fischern besucht, die hier für gute Fänge und eine sichere Heimkehr vom See beten.

Oben:
Ein geteiltes Tor, wie es an fast allen Tempelanlagen zu finden ist, ist der Zugang zum Botanischen Garten in Bedugul. Ein Besuch dieser wunderschön gestalteten Anlage ist unbedingt zu empfehlen.

Rechts oben und unten:
Orchideen werden speziell in einem Orchideenhaus gezüchtet und ausgestellt; sie gehören ebenso zu den Besonderheiten des Botanischen Gartens wie liebevoll angelegte Teiche mit Lotusblumen.

Ganz rechts:
Kakteen sind in tropischen Zonen eher eine Seltenheit. In einem Glashaus des Botanischen Gartens werden sie in vielen Größen und Formen und aus allen Teilen der Erde den Besuchern nähergebracht.

Links:
Klettern, Abseilen, auf schwankenden Hängebrücken von Baumwipfel zu Baumwipfel gehen: der Kletterpark Bali Treetop Adventure Park auf dem Gelände des Botanischen Gartens in Bedugul verspricht Abenteuer für Groß und Klein.

Unten:
Ein Teil des Botanischen Gartens widmet sich dem Bambus. Unterschiedliche Arten, von Gelb bis Dunkelgrün mit schwarzen Streifen, mehrere Meter hoch und einige Zentimeter im Durchmesser geben einen sehr guten Eindruck von einem Gewächs, das in unseren Breiten nur einen Bruchteil seiner wahren Größe erreicht.

Unten:
Der östliche Teil des Batur-Kraters hat sich vor langer Zeit mit Wasser gefüllt. Der See wird unter anderem zur Fisch- und Muschelzucht genutzt, aber auch für Freizeitaktivitäten: Es können Kanus und Motorboote gemietet oder in organisierten Bootstouren die Dörfer am Ostufer besucht werden, wie das Bali-Aga Dorf Trunyan.

Ganz unten:
Totenkult im Dorf Trunyan am Batur-See: Die Bali-Aga bestatten ihre Toten über der Erde. Nachdem sie verwest sind, werden die Schädel unter dem heiligen Taru-Menyan-Baum gesammelt. Den Friedhof kann man nur mit dem Boot erreichen.

Rechts:
Von der Terrasse des Panorama-Hotels aus öffnet sich ein atemberaubender Blick auf den Vulkan Batur und seinen Krater. Am Fuße des Vulkans ist noch die erstarrte Lava vom letzten Ausbruch sichtbar. In den letzten beiden Jahrhunderten kam es zu circa 25 Eruptionen. Trotzdem haben sich am Kraterboden und am Kraterrand Siedlungen etabliert.

Links:
Waren hier traditionelle Bildhauer oder Karikaturisten am Werk? Im Relief des Totentempels Pura Dalem in Jagaraga ist ein Auto zu finden – aller Wahrscheinlichkeit nach mit einem Holländer an Bord.

Links Mitte:
Die Abbildung des Mannes auf dem Pferd im Relief des Meduwe-Karang-Tempels in Kubutambahan zeugt von der sorgfältigen und fachkundigen Arbeit des Steinmetzes, der viele Details aus dem weichen Stein fein herausgearbeitet hat.

Links unten:
Auch im Relief des Tempels Meduwe Karang gibt es eine kuriose Abbildung: ein Rad fahrender Insulaner. Angeblich wurde der Steinmetz vom Holländer Wijnand Otto Jan Nieuwenkamp inspiriert, der zu Beginn des 20. Jahrhunderts die Insel mit dem Rad erkundete.

Unten:
Der Pura Meduwe Karang in Kubutambahan ist dem Erdgott gewidmet, der der Überlieferung nach Fruchtbarkeit spendet. Die Bauern der Region, aber nicht nur die Bauern, bringen in diesen Tempel Opfergaben und beten für eine gute Ernte auf ihren Feldern.

Götter, Geister und Dämonen – Balis hinduistischer Alltag

Etwa 95 Prozent der balinesischen Bevölkerung sind Hindus. Offiziell heißt ihre Religion „Agama Hindu Dharma“ und prägt den Alltag der Balinesen entscheidend; vom Morgen bis zum Abend, von der Geburt bis zum Tod. Sie unterscheidet sich jedoch grundsätzlich vom indischen Hinduismus.
Im zehnten Jahrhundert breitete sich der Hinduismus in Indonesien aus. Indische Brahmanen brachten die Religion zuerst nach Sumatra, Java und schließlich nach Bali. Die damalige Bevölkerung nahm den neuen Glauben an, vermischte ihn aber mit den vorherrschenden Traditionen und Bräuchen. Daraus entstand mit der Zeit eine neue, einzigartige Form des Hinduismus, die Elemente von Balis vorherigen Naturreligionen, wie zum Beispiel die Verehrung von Natur-Geistern oder den Ahnenkult, beinhaltet. Im 16. Jahrhundert hielt der Islam Einzug in Indonesien; arabische Händler brachten die Religion über ihre Handelsrouten mit. Während die Völker in Sumatra und Java den neuen Glauben annahmen, fungierte Bali als Zuflucht für Hindu-Priester und Intellektuelle.
Noch heute ist der Hinduismus fest im Alltag der Balinesen verankert und nicht wegzudenken. Die vielen Tempel, Schreine und Devotionalien zeugen davon. Spuren finden sich überall: Tempel auf Märkten und in Höhlen, Schreine in Reisfeldern und am Wegesrand, Opferschalen auf Armaturenbrettern und Räucherstäbchen an Nummernschildern von Autos. Täglich werden den Göttern Opfer in Form von Früchten, Reis und Blumen in geflochtenen kleinen Bambus-Schälchen dargebracht.

Zweigeteilte Welt

Nach dem balinesischen Glauben ist die Welt zweigeteilt: Himmel und Erde, Tag und Nacht, Götter und Dämonen, Leben und Tod, Hell und Dunkel, Gut und Böse – diese Gegensätze sind Voraussetzung für das Bestehen der Welt. Das Ziel der Menschen besteht darin, ein Gleichgewicht beider Seiten zu erzielen, beziehungsweise zu erhalten. So huldigen die Balinesen einerseits ihren Göttern, andererseits versuchen sie, böse Geister und Dämonen durch Opfergaben zu besänftigen. An Orten, an denen Unglücke passiert sind, wie beispielsweise gefährlichen Straßen, findet man deshalb vermehrt Opfergaben, um die Dämonen an diesen Orten zu beruhigen.

Religiöse Feste auf Bali

Odalan ist der Weihetag eines Tempels und wird einmal im Jahr gefeiert. Der Tempel wird zu diesem Anlass geschmückt und es werden Opfergaben dargebracht. Im Laufe des Tages finden Zeremonien statt, zu denen sich die Gläubigen des jeweiligen Dorfes einfinden. Sie tragen traditionell weiße, festliche Kleidung. Es finden Tanzaufführungen statt, die von Gamelan-Musik untermalt werden. Da es unzählige Tempel auf Bali gibt, vergeht kein Tag, an dem nicht irgendwo auf der Insel ein Tempelfest stattfindet.
Nyepi ist das balinesische Neujahr und bedeutet „Tag der Stille“. Die Festivitäten beginnen bereits drei Tage vor dem eigentlichen Nyepi mit dem Melasti, einer Zeremonie, die zur Reinigung dient. Hierzu werden Gegenstände aus den Tempeln zu Wasserstellen gebracht und gereinigt – als Vorbereitung auf das bevorstehende Neujahr. Am Vorabend ziehen die Balinesen durch die Straßen der Dörfer. Sie tragen riesige Dämonen-Figuren, Ogoh-Ogoh genannt, mit sich, die nach dem Ende der Parade verbrannt werden. Dieses Ritual dient dazu, Geister und Dämonen zu vertreiben. Am eigentlichen Nyepi steht die Insel ab sechs Uhr morgens für 24 Stunden still; kein Geschäft ist offen, kein Auto fährt, nicht einmal der Flughafen hat geöffnet. Auch Touristen müssen im Hotel bleiben. Die Pecalang, die Tempelpolizisten, sind die einzigen, die an diesem Tag aktiv sein dürfen, weil sie aufpassen, dass niemand gegen die Regeln verstößt. Die Balinesen glauben, dass die Geister und Dämonen, die am Vorabend vertrieben wurden, die Insel vom Meer aus beobachten. Da die Insel an diesem Tag verlassen scheint, kommen sie nicht wieder zu ihr zurück, um ihr Unwesen zu treiben.

Jahrestag der Schöpfung

Galungan ist der Jahrestag der Schöpfung der Welt. Bei dem zehn Tage andauernden Fest kehren die Götter zu den Tempeln und die Geis-

Links:
Der Elefantengott Ganesha schützt dieses Anwesen und begrüßt zugleich die Gäste. Das schwarz-weiß-karierte Tuch unten an der Statue symbolisiert die Polarisation von positiven und negativen Kräften.

Oben:
Der Tempel, hier ein großer Haustempel, ist ein Treffpunkt zwischen Göttern und Menschen. Dort werden mehrmals täglich Opfergaben der Hauseigentümer dargebracht, die einhergehen mit längeren Gebeten.

ter der Ahnen zu den Häusern ihrer Nachkommen zurück. Die Straßen sind zu diesen Tagen bunt geschmückt. Es werden Penjors aufgestellt – die für Bali typisch verzierten, gebogenen Bambusstangen – und mit Opfergaben behängt. Große Tempelfeste werden abgehalten und Prozessionen ziehen durch die Straßen der Dörfer. Das Fest endet mit dem Kuningan am letzten Tag, an dem Götter und Geister die besuchten Plätze wieder verlassen. Der balinesische Kalender hat übrigens nur 210 Tage; so kommt es durchaus vor, dass manches Fest nach dem gregorianischen Kalender zweimal in einem Jahr gefeiert wird.

Rechts oben:
Einer der bekanntesten Hindu-Tempel Lomboks, der Pura Batu Bolong, ist dem Gott Brahma geweiht. Er liegt südlich von Senggigi auf einer Klippe am Meer.

Rechts Mitte:
Diese traditionelle Gebetshaltung eines Balinesen mit den Händen an der Stirn, die Finger gegen den Himmel gerichtet, zeigt, dass er sein Gebet an die Götter oder seine Vorfahren richtet. Würden die Finger nach unten zeigen, würde er sich an die Dämonen wenden.

Rechts:
Die täglichen Opfergaben werden größtenteils selbst gefertigt, sind klein, sehr filigran und bestehen meistens aus einer geflochtenen Basis, in die Nahrungsmittel (meistens Reis), Blüten, Gewürze und Früchte gelegt werden. Räucherstäbchen dürfen ebenfalls nicht fehlen.

Auch wenn der Gitgit-Wasserfall nahe Lovina auf den ersten Blick etwas Abkühlung verspricht, baden kann man im Becken des über 30 Meter hohen Wasserfalls leider nicht. Die halbstündige Wanderung dorthin lohnt aber in jedem Fall.

Der Wasserfall Sing Sing, ein paar Kilometer westlich von Lovina gelegen, ist wesentlich kleiner als der Wasserfall Gitgit, dafür ist er aber auch leichter erreichbar: Lediglich 300 Meter trennen den Wasserfall von der Dorfstraße.

Oben:
Im Alltag wird einfach von Lovina Beach gesprochen, obwohl es keinen Ort Lovina mit Strand gibt. Lovina ist eigentlich der Name eines circa zehn Kilometer langen Küstenabschnittes westlich von Singaraja, wo sich sieben kleinere Orte aneinanderreihen, die den sogenannten Lovina Beach bilden.

Rechts:
Touristisch ist Lovina Beach sehr gut erschlossen, die Kapazität an Unterkünften für jeden Geldbeutel ist gut, die Restaurants ausreichend und der Andrang an Badeurlaubern hält sich in Grenzen. Er zählt zu jenen Stränden, an denen auch in der Hochsaison kein Massentourismus sichtbar ist.

Oben:
Das Delfin-Denkmal am Lovina Beach ist ein guter Orientierungspunkt und verweist bereits auf das Highlight hier: Delfin-Beobachtungen. Täglich starten Touren hinaus auf das offene Meer.

Links:
Die Jalan Binaria in Kalibukbuk führt direkt an den Strand beim Delfin-Monument. Beidseitig säumen kleine Warungs und Souvenirläden die schmale Straße.

Seite 84/85:
Das buddhistische Kloster Brahma Vihara erstrahlt nach einer Renovierung im neuen Glanz. Die Anlage im Ort Banjar besteht aus mehreren Tempeln und Hallen, die auf zwei Ebenen angelegt wurden. Das Kloster ist für alle offen.

Oben:
Der Haupttempel des Klosters Brahma Vihara in Banjar hat durchaus eine gewisse Ähnlichkeit mit der auf Java nahe der Stadt Jogjakarta gelegenen Tempelanlage Borobodur, dem größten buddhistischen Heiligtum auf der Welt.

Rechts:
Wer das Innere des „kleinen Borobudur" betreten möchte, muss aus Respekt die Schuhe ausziehen und sich einen Sarong um die Hüfte binden. Das Tuch sollte übrigens die Beine bis weit über die Knie bedecken.

Banjar hat neben dem Kloster Brahma Vihara noch eine zweite Sehenswürdigkeit: heiße Quellen (Air Panas). In zwei im balinesischen Stil erbauten, rechteckigen Becken können die Besucher im circa 36 Grad warmen, schwefelhaltigen Wasser baden. Die gut gepflegte Anlage verfügt über Umkleidekabinen und Duschen, ein Restaurant mit regionalen Gerichten sorgt für das leibliche Wohl der Badenden.

Links:
Je weiter man sich von Lovina Beach Richtung Westen entfernt, desto ruhiger wird es. Anlaufstelle für ausländische Touristen ist das langgezogene Straßendorf Pemuteran mit seinem dunklen Strand, der vorwiegend von Einheimischen frequentiert wird. In Pemuteran werden vor allem Tauchtouren in den nahe liegenden Meeresnationalpark um die Insel Menjangan angeboten.

Unten:
In Pemuteran ist eine auf internationale Touristen eingestellte, wenn auch nicht allzu große Infrastruktur vorhanden. Die Hotels sind klein, aber geschmackvoll, einige Restaurants und Warungs entlang der Durchfahrtsstraße buhlen um die wenigen Gäste.

Oben:
Stilvoller, teils im balinesischen Stil erbauter Bungalow in einer gepflegten Anlage in Pemuteran. Auf der Terrasse kann man die Ruhe und die Natur ringsum genießen und seine Seele baumeln lassen.

Rechts:
Nur wenige ausländische Besucher verirren sich zum Pura Pemuteran, der etwas abseits der Route am Fuße des Udengudeng liegt. Die Anlage mit kleinen Tempeln ist aber sehenswert, die Landschaft ringsherum einfach beeindruckend.

Unten:
Affen, wo man hinsieht. Der Pura Pulaki wird von ihnen regelrecht bevölkert und es gibt mittlerweile so viele, dass die Tempel in der Anlage ein schützendes Gitter bekommen haben, um die alles plündernden Tiere fernzuhalten. Der Pura Pulaki zählt zu den wichtigsten Heiligtümern der Insel, dementsprechend groß ist auch der Zulauf an Gläubigen.

Oben:
Bevor man den Höhlentempel Pura Goa Tirta Sunia betreten kann, weiht eine alte Frau die Besucher und klebt ihnen Reis auf die Stirn, während sie ein Gebet spricht. Mit einem Sarong um die Hüften kann man dann die steile Treppe, die beidseitig von Tempelwächtern flankiert wird, emporsteigen.

Links:
Der Höhlentempel ist an und für sich unspektakulär, doch der Aufstieg lohnt sich schon wegen des schönen Panorama-Blicks auf die Bucht von Pemuteran.

Unten:
Der Strand von Medewi war vor wenigen Jahren noch ein absoluter Geheimtipp, bis die ersten Surfer die hohen Meereswellen entdeckten. Nach und nach zogen immer mehr Ausländer an den Strand, eröffneten Hotels und Restaurants. Der Bauboom hielt sich aber in Grenzen und der Strand hat noch nicht viel von seiner Ursprünglichkeit eingebüßt.

Ganz unten:
Hohe Wellen in Medewi garantieren den Surfern täglich Spaß auf ihren Brettern. Wer sein eigenes Brett nicht mitgenommen hat, kann es in einem der Surfshops ausleihen, ebenso wie Neoprenanzüge und was man sonst noch so für den Surfsport benötigt.

Rechts:
Nur wenige Kilometer von Medewi entfernt liegt der Pura Rambut Siwi, ein Meerestempel, der auf die Initiative des Wanderpriesters Nirartha im 16. Jahrhundert erbaut wurde. Die Anlage ist sehr gepflegt, der Ausblick auf das Meer und den langgezogenen Strand überwältigend. Ein lohnenswerter Stopp an der Südwestküste.

Oben:
In den niederschlagsarmen Sommermonaten kann es schon mal vorkommen, dass ein Fluss im Nationalpark Bali Barat kaum noch Wasser führt.

Rechts:
Der Nationalpark kann nur mit einem ortskundigen Führer und zu Fuß erkundet werden. Unterwegs erhält man vom Ranger viele Informationen über Flora und Fauna.

Seite 96/97:
Ein über und über mit Lianen knorrig-verwachsener Baum im Nationalpark Bali Barat. Klettern ist allerdings verboten!

Links:
Fast ständige Begleiter auf einer Tour durch den Nationalpark Bali Barat sind Affen. Füttern sollte man die Tiere aber nicht, auch wenn sie ständig um Fressen betteln.

Unten:
Die Natur im Nationalpark ist von überwältigender Pracht. Man sollte deshalb öfters einen Stopp einlegen und die Natur auf sich einwirken lassen.

Insel der tausend Moscheen – Lombok

Sekotong liegt im Südwesten Lomboks und hat sich seine Ursprünglichkeit erhalten. Die Strände der Gegend sind vor allem bei Surfern wegen der perfekten Wellen beliebt.

Lombok ist Teil der Kleinen Sundainseln und liegt östlich von Bali. Die Insel wird oft als Balis kleine Schwester bezeichnet, was eigentlich nicht ganz korrekt ist. Lombok braucht sich keinesfalls in Balis Schatten zu verstecken. Im Gegenteil: Einsame und vermeintlich unberührte Strände wie hier findet man dort kaum mehr. Unter anderem nennt Lombok auch den zweithöchsten Vulkan Indonesiens – den Mount Rinjani – und das berühmte Urlaubsparadies – die Gili-Inseln – sein eigen.
Während Bali den Beinamen „Insel der tausend Tempel“ trägt, ist Lombok unter dem Namen „Insel der tausend Moscheen“ bekannt. Der Islam ist die dominierende Religion auf der Insel, wobei man trotzdem eine religiöse Vielfalt vorfindet. Die Hauptstadt Mataram ist das pulsierende Herz Lomboks. Mit der Zeit ist sie mit den beiden Vororten Cakranegara und Ampenan zusammengewachsen. In Mataram selbst findet man das Regierungs- und Bildungszentrum, Hochhäuser, Banken, moderne Shopping-Malls und Museen. In Ampenan, welches seinen kolonialen Altstadt-Charme erhalten hat, liegt der historische Hafen, der chinesische Tempel Vihara Bodhi Dharma, der chinesische Friedhof Bintaro und das „Kampung Arab“ – ein Wohnviertel, dessen Name frei übersetzt „Arabisches Dorf“ bedeutet.
Landschaftlich hat Lombok auch einiges zu bieten. Der Mount Rinjani mit seinen 3726 Metern samt dem gleichnamigen Nationalpark und die Gegend um Sembalun und Senaru ist ein Muss für jeden Lombok-Besucher. Der Süden wartet mit zahlreichen einsamen Sandstränden und glasklarem Wasser auf – Sekotong Beach, Kuta Beach, Tanjung Aan oder Pink Beach sind nur einige davon. Bei einem Besuch im traditionellen Sasak-Dorf Sade erhält man einen Einblick in die ursprüngliche Kultur und kann die Webkünste der Ureinwohner bestaunen.

LANGGENG tour

Oben:
Ampenan ist sozusagen die Altstadt Matarams. Einst ein eigenständiges Städtchen, ist es heute untrennbar mit der Hauptstadt verwachsen.

Rechts:
Das arabische Viertel – Kampung Arab genannt. Obwohl der Name auf eine rein arabische Bevölkerungsgruppe schließen lässt, bietet es mit seinem Bevölkerungsmix aus Sasak, Balinesen, Javanern, Arabern und Chinesen eine einzigartige kulturelle Vielfalt.

Links:
Der Vihara-Bodhi-Dharma-Tempel in Ampenan liegt in unmittelbarer Nähe zum Strand. Der buddhistische Tempel ist der älteste Lomboks. Er wurde 1840 errichtet und ursprünglich auch von anderen Glaubensgemeinschaften genutzt.

Unten:
Der starke Einfluss der Holländer spiegelt sich in den kolonialen Fassaden der alten Häuser wider. Ampenan war einst ein wichtiger holländischer Handelshafen für Gewürze.

Links:
Mit 114 Metern ist das 2016 eröffnete Islamic Center das höchste Gebäude Lomboks. Vom höchsten der fünf Minarette hat man einen 360-Grad-Blick über Mataram. Anders als auf Bali ist die Mehrheit der Bevölkerung auf Lombok muslimischen Glaubens.

Unten und ganz unten:
Der chinesische Friedhof Bintaro zeugt von der großen Anzahl chinesischstämmiger Indonesier. Die großen und farbenfroh verzierten Gräber tragen meist daoistische Inschriften und sind mit Figuren geschmückt.

Oben:
Der Markt Pasar Gunungsari in der örtlichen Markthalle von Ampenan findet traditionell immer morgens statt.

Rechts:
Auf dem Markt Pasar Gunungsari werden vor allen frische Früchte, Gemüse, Fisch, Fleisch und natürlich Reis verkauft. Vor dem Markt bieten Einheimische frischen Fisch an.

Links:
Die Markthalle in Chakranegara ist ganztägig geöffnet. Hier werden nicht nur Lebensmittel, sondern auch Kleidung, Haushaltswaren und Souvenirs zum Kauf angeboten.

Unten:
Ikan Asin, gesalzener Fisch, ist in ganz Indonesien sehr beliebt. Der Trockenfisch wird sowohl als Beilage als auch zum Würzen verschiedenster Gerichte verwendet.

Rechts:
Der Tempel Pura Lingsar in Mataram war einer der ersten hinduistischen Tempel Lomboks. Nach und nach vermischten sich hier Hinduismus und Wetu Tel – die Religion der Ureinwohner Lomboks.

Rechts:
Auch vor dem Pura Lingsar findet man die typischen Wächter-Figuren, wie man sie von den Hindu-Tempeln Balis kennt.

Ganz rechts:
Gläubige Hindus bringen den Göttern Opfergaben dar – hier Ganesha, dem Gott der Weisheit.

Der Pura Meru liegt genau neben dem Wasserpalast Pura Mayura in Mataram. Der Innenhof des Tempels beherbergt einen elfstufigen, zwei neunstufige sowie 31 kleine Schreine. Der Tempel ist den Göttern Brahma, Vishnu und Shiva gewidmet.

Linke Seite:
Pura Mayura in Mataram: Die Bale Kembang ist ein offener Pavillon inmitten eines künstlichen Sees. Hier wurden einst Gerichte und verschiedenste Zeremonien abgehalten.

Der Wasserpalast Pura Mayura wurde 1744 errichtet. Heute ist nur noch ein Teil der ursprünglichen großen Tempelanlage erhalten. Der Rest fiel dem Krieg mit den holländischen Kolonialherren zum Opfer.

Links:
Der Narmada-Sommerpalast bei Mataram wurde 1805 vom balinesischen König erbaut. Die Anlage besteht aus dem Tempelkomplex und einer großen, stufenartigen Parkanlage mit diversen künstlichen Seen und Schwimmbädern. Er wird bevorzugt als Erholungsort von Einheimischen genutzt.

Unten und ganz unten:
Der Suranadi-Tempel bei Mataram wurde im 16. Jahrhundert von Danghyang Nirartha – einem Hindu-Priester, dessen Statue den Eingang des Tempels ziert – erbaut, und ist somit der älteste Hindu-Tempel Lomboks. Er beherbergt eine Quelle, in der heilige Aale leben. Es wird behauptet, dass es Glück bringt, sollte man eines der scheuen Tiere zu Gesicht bekommen.

Oben und rechts:
Der Tempel Pura Bukit Pengsong liegt südlich von Mataram. Die Anlage wurde um einen kleinen Berg herum errichtet. Wenn man die knapp 240 Stufen bis zur Spitze bewältigt hat, findet man einen kleinen hinduistischen Tempel vor, der noch aktiv genutzt wird. Sehenswerter ist jedoch der Ausblick auf die Westküste Lomboks.

Rechte Seite:
Im Hof der Tempelanlage finden sich einige uralte Banyan-Bäume, die als heilig gelten. Die riesigen Bäume sollen den hinduistischen Gottheiten als Rückzugsort dienen.

Außergewöhnliches Kunsthandwerk auf Bali und Lombok

Vor allem Bali ist für außergewöhnliches Kunsthandwerk weit über die Grenzen Indonesiens hinaus bekannt. Die verschiedenen handwerklichen Berufe haben eine lange Tradition auf der Insel. Man findet Holzschnitzer, Steinmetze, Gold- und Silberschmiede, Weber und Töpfer. Die Handwerkskunst wurde über Jahrhunderte gepflegt und perfektioniert. Noch vor wenigen Jahrhunderten dienten die Handwerker ausschließlich den damaligen Herrschern für ihre Paläste und Tempel – Steinmetze fertigten kunstvolle Tempelfiguren, Goldschmiede schufen filigran verzierte Opferschalen – Lelancang genannt – und Devotionalien wie Dolche oder Glocken für hinduistische Zeremonien. Heutzutage wird zumeist für Touristen und den Export gefertigt. Es werden zwar hin und wieder Tempelfiguren restauriert, weil das verwendete Gestein sehr weich und unbeständig ist, der Hauptteil der hergestellten Kunstgegenstände geht aber außer Landes. Auf Bali hat sich mittlerweile eine regelrechte Speditions-Kultur entwickelt. In Denpasar finden sich an fast jeder Ecke Speditions-Büros, die den Versand in alle Welt organisieren.

Spezielle Handwerksdörfer

Die einzelnen Handwerksberufe sind zumeist dorfweise angesiedelt. So trifft man in Celuk fast ausschließlich Silber- und Goldschmiede an. Entsprechend groß ist die Auswahl und der Preis ist günstiger als in Denpasar oder in Ubud. Batubulan ist das Zentrum der Steinmetze. In dem Dorf, welches nahtlos an Denpasar anschließt, stehen unzählige Statuen zum Verkauf, die aus dem für Bali typischen grauen Tuffstein vulkanischen Ursprungs geschlagen wurden. Das Dorf Mas wiederum ist für Schnitzereien und Holzarbeiten bekannt. Hier findet man aus Holz gefertigte Gegenstände – vom Touristenkitsch bis hin zu meterhohen, aufwendig geschnitzten Garuda-Statuen für Balis Tempelanlagen.

Das künstlerische Zentrum Balis ist Ubud. Lokale Künstler versuchen hier, ihre Gemälde an den Mann zu bringen – mittlerweile säumen unzählige Galerien die Straßen und man findet sogar einige Museen. Das Agung Rai Museum of Art beispielsweise beherbergt Bilder internationaler Künstler wie Walter Spies, Rudolf Bonnet oder Adrien-Jean Le Mayeur de Merpres, die zu ihren Lebzeiten auf Bali gewirkt haben. Eine weitere Spezialität Balis sind die Wayang Kulit, Schattenspiel-Figuren, die ursprünglich aus Java stammen. Diese circa 40 bis 50 Zentimeter großen Figuren werden entweder aus Papier oder aus Leder gefertigt und kunstvoll bemalt. Sie werden für Schattenspiele verwendet, in denen die Mythen und Geschichten der Vergangenheit dargestellt werden, untermalt von der typischen Gamelan-Musik.

Lokale Spezialitäten auf Lombok

Lombok ist nicht in dem Maße für seine Handwerkskunst bekannt wie Bali. Es gibt jedoch einige lokale Spezialitäten wie handgefertigte Ikat-Webstoffe oder Perlenschmuck von den lokalen Perlenzuchtfarmen, die man so nur dort findet. Und dann sind es vor allem die Sasak, die mit ihren feinen, handgefertigten Stoffen Balis Kunsthandwerk das Wasser reichen können. Die Sasak verwenden Baumwolle oder Seide, die in aufwendiger Handarbeit gefärbt und zu Tüchern mit traditionellen geometrischen Mustern verarbeitet werden. In den Sasak-Dörfern wie Sade oder Segenter werden diese Textilien noch von den Einheimischen getragen. Die Dörfer Sukarara und Kotaraya sind die wichtigsten Adressen der Insel, wenn man Ikat-Stoffe kaufen möchte. Hier kauft man günstiger als auf den großen Märkten der Hauptstadt Mataram und hat eine größere Auswahl. Ein weiteres auf Lombok angesiedeltes Handwerk ist die Verarbeitung von Bambus und Rattan. Es werden vor allem Gebrauchsgegenstände wie Taschen, Körbe, Möbel und Lampen hergestellt, die sowohl für die Einheimischen als auch für den Verkauf an Touristen beziehungsweise den Export bestimmt sind.

Links und oben: *Vielerorts auf Bali und Lombok kann man den Frauen und Männern bei der Herstellung von Alltagsgegenständen und Souvenirs auf die Finger schauen, wie hier beim Bemalen von hölzernen Eiern oder beim Flechten von Körben und Handtaschen, die für den Verkauf auf den Märkten bestimmt sind.*

Kleine Bilder rechts, von oben nach unten: *Traditionelle Herstellung einer Wayang-Puppe für das Schattenspiel Wayang Kulit, dessen Ursprung in Indien zu finden ist. Das Wayang-Puppentheater wurde 2003 auf die Liste des UNESCO-Weltkulturerbes gesetzt.*

Rattan ist ein Material, das von der gleichnamigen Palme stammt und bei Feuchtigkeit, besonders aber unter Dampf sehr elastisch wird und sich dadurch bestens zum Flechten eignet. Aus Rattan werden viele Gegenstände hergestellt, wie hier etwa Lampenschirme.

Mit viel Geschick, Geduld und Fachkenntnis werden auf den unterschiedlichsten Materialien wie etwa Papier Geschichten aus der mystischen Welt Balis gemalt.

In der näheren Umgebung von Ubud haben sich viele Manufakturen etabliert, die sich auf die Herstellung von Korbmöbeln spezialisiert haben.

Seite 116/117:
Der Pura Batu Bolong liegt an der Ostküste zwischen Mataram und Senggigi. Wörtlich übersetzt bedeutet der Name „Felsloch-Tempel". Genau wie sein großer Bruder auf Bali, ist der Tempel auf einem Fels mit einem Loch gebaut. Die Gläubigen bringen bei den Schreinen regelmäßig Opfergaben dar, bestehend aus Früchten, Blumen und manchmal auch Geld.

Unten:
Senggigi bietet für jeden Geldbeutel etwas. Vom Homestay bis zum 5-Sterne-Hotel ist alles vorhanden.

Ganz unten:
Für Lomboks Verhältnisse ist Senggigi Touristengebiet. Man findet hier viele Souvenirshops, die traditionelles Kunsthandwerk anbieten.

Rechts:
Senggigi Beach lädt zum Schwimmen ein. Hier kann man die atemberaubendsten Sonnenuntergänge der Insel bestaunen.

Oben:
Gili Trawangan, Gili Air und Gili Meno sind unangefochten die Hauptattraktionen vor Lombok. Die drei Inseln liegen vor der Westküste und sind mit dem Boot in circa 30 Minuten zu erreichen.

Rechts:
„Public Boats" fahren von morgens bis am späten Nachmittag im Minutentakt. Sie transportieren nicht nur Touristen, sondern auch Waren zu den Inseln. Wer es exklusiver mag, kann mit einem der Schnellboote übersetzen.

Gili Trawangan ist die größte und mit Abstand die beliebteste der Inseln. Zahlreiche Besucher kommen zum Tauchen und Schnorcheln in den Korallenriffen vor dem Eiland. Im Ort reihen sich Cafés, Bars, Restaurants und Reisebüros aneinander und keine motorbetriebenen Fahrzeuge stören die Ruhe.

Linke Seite:
Die Bayan-Beleq-Moschee ist die älteste der Insel Lombok und wurde komplett aus Bambus gebaut. Sie geht zurück auf das Jahr 1634. Von Bayan aus breitete sich der Islam auf ganz Lombok aus.

Links:
Der Sendang-Gile-Wasserfall bei Senaru stürzt sich über 30 Meter in die Tiefe. Im flachen Becken darunter kann man baden. Man sagt dem Wasser eine heilende Wirkung nach.

Links:
Gunung Rinjani, Lomboks Wahrzeichen und der zweithöchste Vulkan Indonesiens, versteckt sich meist hinter einer dicken Wolkenwand.

Unten:
Der Aufstieg zum Gipfel ist mühsam (und nicht für Ungeübte geeignet). Vor allem das letzte Stück hat es in sich – durch das lose Geröll geht man zwei Schritte aufwärts und rutscht einen wieder zurück.

Ganz unten:
Der Kratersee Segara Anak inmitten des Mount Rinjani. Der See liegt etwa 2000 Meter über dem Meeresspiegel und ist für sein tiefgrünblaues Wasser berühmt.

Der Pusuk-Pass im Nordosten Lomboks. Auf dem Bergpass befindet sich eine Aussichtsplattform, von der aus man einen atemberaubenden Ausblick auf das Tal von Sembalun Bumbung hat.

Die Quellen Otak Kokoq entspringen den Felsen und sammeln sich in natürlichen Becken. Darum herum wurde eine Badeanstalt gebaut. Das Wasser wird in künstlich angelegte Pools umgeleitet.

Unten:
Der Hafen Labuan Haji im Osten Lomboks ist ein wichtiger Verkehrsknotenpunkt. Er verbindet die Insel mit den östlichen Inseln Nusa Tenggaras.

Rechts:
Der Pink Beach liegt ganz im Südosten Lomboks und ist nur über eine Schotterpiste zu erreichen. Deshalb ist er bisher weitgehend von westlichen Touristen verschont geblieben; man trifft dort meist nur Einheimische. Die rosa Farbe rührt von den vorgelagerten Korallenbänken her, von denen kleinste Teilchen angespült werden. Die volle Farbpracht kommt in den Morgenstunden am besten zur Geltung.

Oben:
Muschelverkäufer auf einem Fährschiff. Von Labuan Haji legen mehrmals täglich Fähren nach Sumbawa, Komodo und Flores ab.

Desa Sade im Süden Lomboks ist ein traditionelles Sasak-Dorf. Hier kann man die alten Häuser besichtigen und erhält einen authentischen Einblick in das Leben der ursprünglichen Einwohner Lomboks.

Die Sasak beherrschen die Webkunst in Perfektion. Auf klapprigen alten Holz-Webstühlen erstellen sie kunstvolle Stoffe mit traditionellen Sasak-Mustern.

Die Sasak sprechen neben indonesisch ihre eigene Sprache, die auch sonst auf Lombok überall verbreitet ist.

Traditionelle Gerichte werden von den Sasak mit viel Chili zubereitet. Wer scharfes Essen mag, sollte unbedingt probieren.

Rechts:
Der Massentourismus ist hier in Koeta auf Lombok noch nicht angekommen. Die traumhaften Sandstrände werden bevorzugt von Einheimischen aufgesucht.

Links:
Tanjung Aan liegt circa zehn Kilometer östlich von Koeta und gilt unter Surfern als Geheimtipp.

Register

20 km
Bali
Java
Lombok
Sumbawa
Singaraja
Negara
Mendoyo
Seririt
Tabanan
Antosari
Ubud
Bangli
Gianyar
Semarapura
Amlapura
DENPASAR
Sanur
Semawang
Legian
Kuta
Jimbaran
Nusa Dua
Bukit Badung
Nusa Lembongan
Nusa Ceningan
Nusa Penida
Pulau Menjangan
Bali Barat Nationalpark
G. Merbuk 1.386 m
G. Catur 2.096 m
G. Batukau 2.276 m
G. Batur 1.717 m
G. Abang 2.153 m
G. Agung 3.142 m
G. Seraya 1.175 m
Danau Buyan
Danau Bratan
Danau Batur
Pura Permuteran
Pura Pulaki
Pura Goa Tirta Sunia
Lovna Beach
Pura Bedji
Pura Medruwe Karrang
Pura Dalem Jagaraga
Sing Sing Wasserfall
Heisse Quellen
Kloster Brahma Vihara
Wasserfall
Botanischer Garten
Pura Ulun Danau Batur
Pura Dewa Ratu Pancering Jagat
Reisterrassen
Pura Batukau
Reisterrassen Jatiluwih
Pura Rambut Siwi
Medewi Beach
Tirta Empul
Pura Besakih
Wasserpalast
Königsgräber
Pura Kehen
Puri Taman Ujung
Affenwald
Goa Gajah
Yeh Pulu
Pura Taman Ayun
Kerta Gosa
Pura Goa Lawah
Tg. Mulu White Beach
Pura Tanah Lot
Bali Museum
Greger Beach
Mengiat Beach
Bali Collection Shopping Center
Pura Luhur Uluwatu
Tg. Bunkulan
Tg. Bakung
MALAYSIA
PHILIPPINEN
SINGAPUR
Sumatra
Kalimantan
Sulawesi
Molukken
Irian Jaya
PAPUA NEUGUINEA
INDONESIEN
Jakarta
Java
Kleine Sundainseln
Bali
Lombok
Timor
OSTTIMOR
AUSTRALIEN
Indischer Ozean
Gili Inseln
Gili Trawangan
Gili Meno
Gili Air
Gili Lawang
Gili Sulat
Gili Pentangan
MATARAM
Ampenan
Cakra-negara
Pemenang
Senggigi
Bayan
Labuhan Lombok
Kopang
Selong
Praya
Gerung
Lembar
Penujak
Gunung Rinjani Nationalpark
G. Rinjani 3.726 m
G. Plawangan 2.634 m
G. Propok 2.077 m
G. Nangi 2.330 m
G. Masjidborok 1.272 m
Danau Segara Anak
Pusuk Pass
Moschee Bayan Beleq
Sedang Gile Wasserfall
Ota Kokoq Heilquellen
Namarda Sommerpalast
Pura Lingsar
Pura Suranadi
Senggigi Beach
Pura Batubolong
Völkerkundemuseum
Tempel Vihara Bodhi Dharma
Markthalle
Arabisches Viertel
Chinesischer Friedhof
Markt in Gunungsari
Pura Meru
Islamic Center
Strand/Altstadt
Majura Wasserpalast
Pura Mayura/Markt
Pura Pengsong
Sekotong Beach
Pink Beach
Tanjung Aan
Kuta Beach
Tg. Serunggal
Tg. Serombong
Tg. Bangko Bangko
Tg. Batubaton
Tg. Belenanggung
Tg. Sameti
Tg. Bilasayak
Tg. Cina
Tg. Ringgit

Sonnenaufgang am Strand von Sanur auf Bali. Vor allem einheimische Touristen sind bereits früh morgens am Strand unterwegs und genießen die morgendliche Frische.

Impressum

Buchgestaltung
Matthias Kneusslin
www.hoyerdesign.de

Karte
Fischer Kartografie, Aichach

Bildnachweis
S. 10/11, 16/17, 20/21, 22/23, 41 unten, 43 (2 Abb.), 44/45 großes Bild, 46 oben, 74 unten, 79 ganz oben, 95 unten, 96–113 (26 Abb.), 114 kleines Bild, 115 ganz oben, 116–124 (11 Abb.), 126–133 (13 Abb.), 136: © Sascha Gottung; S. 125 (2 kl. Abb.): © Pranidana Ramata; alle anderen: © Hans Zaglitsch

Printed in Italy
Repro: Artilitho snc, Lavis-Trento, Italien
www.artilitho.com
Druck und Verarbeitung:
Grafiche Stella srl, Verona, Italien

ISBN 978-3-8003-4274-7

Unser gesamtes Programm finden Sie unter:
www.verlagshaus.com